生花正風体　技法の要点

季の花をいける ❷

監修●池坊専永

東 勝行
池坊中央研修学院特命教授

はじめに

このたび『季の花をいける②』を刊行させていただくこととなりました。

本書では、古典的なものから現代的な花材まで、意外性のある取り合わせの生花も収録しています。

これからの生花は、従来の伝統美を守りつつも多種多様な花材とともに変幻自在に対応していかなければなりません。

一冊目同様、生花の新たな手引書の一片として、いくばくかでも皆さまのいけばな人生のお役に立てれば幸いと存じます。

本書を世に出す機会を与えてくださった池坊専永宗匠に心からお礼を申し上げるとともに、お力添えくださった皆さまに深く感謝申し上げます。

東勝行

目次

海棠

◆木物

海棠《かいどう》はバラ科の落葉小高木で、中国原産。中国ではぼたんと並び、人気の高い花である。美人を形容する常とう語として使われるが、これは楊貴妃の故事からだという。

海棠には主に花海棠と実海棠があり、前者は垂糸《すいし》海棠の別名のごとく花柄が長く、下向きに垂れて咲く。普通、海棠といえば花海棠を指し、その姿に優雅な趣がある。

花は蕾の時は濃紅紫色、開くと白っぽい薄紅色になるが、蕾の時の方が美しいため、この時期に用いるとよい。

濃艶な風姿を見せる一方、幹は風情に乏しいため、もっぱら花を賞する。あまり数多くにぎやかにいけるより、数少なくあっさり用いた方が趣を感じる。

花形は真・行・草のいずれにもいけられるが、行の姿がふさわしい。

一種生とするのが最も趣深いが、つつじ、じんちょうげ、きんせんか、菜の花、春菊などを根〆に配してもよい。

枝ぶりの面白いものがあれば二重立ち昇り生などにいけ、また、釣り花や掛け花などとして軽く用いるのも風雅なものである。

撓《た》めるのは至って容易であるが、小枝を撓めることは自然味を失う恐れがある。小枝をもつれさせないことと、風情を生かすように心掛けることが肝要である。

また、花が下垂することと、実を結ぶことがまれであるため、祝儀の花としては好まれない。

花器は銅器、あるいは陶器や籠の類いがよい。

作品は、行の花形で一種生とし、その趣を表現している。

花材／海棠

椿

◆木物

椿は、山地に自生する常緑高木である。園芸品種は国内だけでも二二〇〇以上あるといわれ、その趣もさまざまで、特に一重の花は野性味があり、凛と咲く姿は清楚で、心が洗われるようである。

十一月ごろから開花し始めて翌春に及ぶものと、新春のころから咲き始めるものとがあり、前者を冬椿または寒椿といい、後者を春椿と称している。

冬椿は花期が長く、一時に開花することなく、少数の花を次々に開いていき、しかも霜雪をしのぐために花は下向きとなり、霜除け葉をかぶって咲く。反対に、春椿は陽光を受けて花が葉の上にのぞき出て開く。

茶の湯では、炉の季節には茶席が椿一色となることから、「茶花の女王」の異名を持つ。

椿は花材のいかんによって、真・行・草のいずれの花形にも取り扱い得るものである。

一種生がふさわしいが、根〆に草物を配すること、また、椿を他の物の根〆に使うこともよい。

若木の時は葉の中に埋もれて咲くが、古木になると幹や枝にさまざまの屈曲を見せるので、その枝ぶりを生かし、花葉の付き具合を見計らい、程よく省略し、バランスよくいける。

椿の風韻を表すには、古木などを用いて枯淡な趣を見せる。冬場にあっては開花を葉の下に潜ませる心で、あまり開花を多くしない。もし、花を葉の外に用いるときは蕾の固いものに限る。

春椿はそれとは反対に、花や蕾をなるべく葉の下に潜ませないよう葉の上に使い、花数も多くしてにぎやかにいけることが肝要である。

作品は、春椿の古木を用いて、幹の面白さを捉えている。

花材／椿

いちはつ

◆草物

アヤメ科で一番先に咲くことからその名、いちはつ（一初）が付いたという。中国から渡来し、漢名の「鳶尾」も広く知られている。

紫色の優美な花を付け、葉はしゃがとよく似て柔らかく、幅広の剣状で、半ばより垂れる。優しく女性的な本種は日本いちはつと呼ばれ、これとは別に、欧州から持ち込まれた西洋いちはつという種類がある。現在、生花店でいちはつと呼ばれているものはこれらヨーロッパ産の別種のものが多く、ニオイイリスと称するものなどであろう。

西洋いちはつは葉の肉が厚くて硬い上に、手を広げたような格好なので、日本いちはつのように出生のままの葉株ではいけることができない。そのため、葉はやむを得ずかきつばたと同じく一枚ずつ組み直して構成する。

また、西洋いちはつは葉が硬くて寄り添いにくいため、長い葉の裾にある腹の袋の中へ短い葉を挿し込んで組み合わせ、葉株の格好を整える。

花は自然に倣って開花を高く、蕾を低く使い、葉よりも高く用いる。花数は二本または三本で整える。

花茎には付き葉があるので、これをあしらいに利用するか、省略するかは、葉の在り方を見て検討するとよい。

いちはつは、掛け生や釣り生などの草の姿はふさわしくない。つぼや薄端、または広口の花器などに行の花形で整え、必ず一種生にする。

作品は、西洋いちはつを花三本用いている。

花材／いちはつ

山吹

◆通用物

山吹はバラ科の落葉低木で、「面影草」という別名がある。日本と中国に分布し、山野に多く自生するが、人家の籬《まがき》や庭園にも植えられ、身近な花として観賞されている。

花びらは一重もしくは八重で、この花の美しさは多くの和歌に詠まれてきた。

山吹の幹は半月形をなして垂れ下がるもので、山吹色の美しい花を重そうに付けた姿はたいそう趣がある。

普通、根元から出た長い新芽には花が咲かず、古幹から出た枝に花が咲くので、先枯れの山吹は自然の風流なものとして賞玩されている。

また、木本ではあるが草に近いものであり、これを草木通用物の一種となし、片垂れ物として扱う。

花の性状や風情から、花形としては二重切の上の重、掛け生、釣り生などにふさわしく、自然に垂れ下がった姿を表すことが肝要である。花物であるから一種生を好むが、軽い草物なら根〆に用いてもよい。根〆の花には、山吹の黄色と調和の良いものを選ぶのは言うまでもない。

また、優しい花であるから、にぎやかにいけるより数少なくあっさりといけたほうが趣を感じる。あまり太い幹を使って強みの感じられるようなものは好ましくない。

花器は、主として竹器か籠を選び、土器の類いもよく調和する。

作品は向掛とした。真の枝のように垂らして使うものは比較的入手しやすいが、副に適するものはなかなか見つからない。それ故、まず副の枝を得ることに心を配らなければならない。

花材／山吹

しゃくやく

◆通用物

中国原産のボタン科の多年草。その極めて美麗な花の様子から、ぼたんの「花王」に対し、王に次ぐ宰相である「花相」と称されている。花、葉共にぼたんに似ているが、木本ではない。

しゃくやくは、茎の内部が髄《ずい》であるから撓めることが難しい。そのため、なるべく撓めずに済むような枝ぶりのものを選ぶ。

また、開花と蕾の取り合わせも大切であり、花の色彩、輪の大小、茎の長短、葉付きなども吟味する。満開のものを使うと、花びらが垂れて見苦しくなるため、花は蕾がちのものを選ぶとよい。

しゃくやくは、真・行・草のいずれの花形にもいけるが、葉が繁茂し、ふくよかな姿に育つので、行の姿が最もふさわしい。

前述したように、ぼたんと並び賞されるほどのものであるから、その品位を尊重し、一種生がよい。

花は高く育ったものから開くため、生花においてもこれに倣って開花を高く、蕾を低く使う。花数は五〜七本が適当である。

しゃくやくの持つ美しさを表すには、ぼたん同様に花よりもむしろ葉の具合の良いものを選ぶ。

特に心を配るべきことは、花形がやせないよう、ふくよかにいけることと、葉を少し垂れ気味に見せることである。

花器は、銅器、土器、竹器、籠などがふさわしい。

作品は、花五本で整えている。

花材／しゃくやく

オクロレウカ

◆草物（水陸通用物）

アヤメ科の根茎性で、トルコ周辺原産。茎は長さ九〇～一二〇センチで分枝し、中には草丈が一八〇センチに達するものもある。

五～六月ごろ、かきつばたに似た花を咲かせる。花しょうぶ同様、花びらの一本筋が黄色で、剣状の勢いある葉は伸びやかで美しい。

いけばなでは、今やオクロレウカの葉は欠かすことのできない存在になっており、水陸通用物として扱う。

一季咲きで、花、葉共に高く伸び、葉よりも花が高く抜き出て咲きそろうなど、花しょうぶの出生と比較的類似している。

その性質を写し、花しょうぶ同様、固い蕾は低く用いるとよい。高さは中段までとし、花を高く、葉を低く整える。

このように、花の性状を捉えて中段以上に花を用いる場合、花数の少ないときはよいが、数多く用いて真の前後に同数本の花を入れようとすると、空間が制約されて、かなり困難である。また、花数を多くするときは、花の大小や形の相違を考慮しなければならない。

このような場合、花を後ろがちに用いる工夫がいる。例えば、花五本でいける場合は真の前に一本、後ろに三本（真の後ろあしらい一本、副二本）を用いる。これは一例に過ぎず、いける際の花の様子で臨機応変に対応する。

オクロレウカは花しょうぶ同様、一季のみの短い間に花を見る花材である。従って、花しょうぶに準じて、強く直線的な構成とし、真の花形にいける。

作品は、真に三本、副に二本の花五本を用い、真の花形で整えている。

花材／オクロレウカ

花しょうぶ

◆草物（水陸通用物）

花しょうぶは、アヤメ科で日本に自生するノハナショウブから改良された園芸種であり、初夏に見事な花を咲かせる。生花では水陸通用物として扱う。

かきつばたと同じ科の植物であるが、花期は短く、葉がまっすぐ伸び、男性的で強い印象を与える。その点、かきつばたは対照的に優しく女性的であることをよく知り、それぞれの特徴をいけ表すように心掛ける。

花しょうぶの花は、葉よりも高く抜き出て咲きそろうので、その性質を写して花を高く、固い蕾を低く用いる。ただし、低くといっても中段までに止め、下段は葉ばかりで整えることが古くからの習いである。すなわち、体は葉のみで整える。

また、花と共に花茎の付き葉の活用が大事である。付き葉を適切に活用すると、付け加える葉数が少なくなり、花形をまとめやすくなる。

葉の組み方は、かきつばたと相違はあるが、二枚を組んで葉株として用いる。なお、体もかきつばた同様に三枚で組むが、これも組み方に違いがある。

花しょうぶの葉は、先に出た葉に抱かれて次の葉が出るが、花の咲くころは内側の葉の成長が早いため、先に出た葉より高くなる。そこで、その出生を写し、かきつばたとは反対に、二枚組では短い葉を前に、長い葉を後ろに重ねて組み、体の三枚組では中高に組む約束となっている。

葉の裏表は、葉のほぼ中央を走る太い葉脈（中肋《ちゅうろく》）で見分ける。葉脈の二本ある方が表、一本の方を裏とする。

作品は、真に花を三本用い、副と体は葉で整えている。

花材／花しょうぶ

千鳥草

◆草物

キンポウゲ科の一年草で、ヨーロッパが原産といわれている。「飛《ひ》燕《えん》草」とも呼ばれ、花の姿が鳥のように見えることが名前の由来とされる。葉は細かく掌状で深い切れ込みがあり、直立性の茎は上部で分枝し、高さは一メートルほどになる。

生花の花材としてはあまり使われないが、取り扱いが容易なため、稽古物としては都合がよい。

直立している性状である故、花形としては真または行が適し、一種生が望ましい。なお、花形の分類は、真の花器にいけられたのが真、行の器にいけられたのが行、草の花器にいけられたものが草の花と考えてよい。

生花の姿においては、その真の腰が花器の口、もしくは胴より外へ出ないようにいけることとする。すなわち、外へ出ないまでも、少しばかりその内側に収めるように努める。

それ故、細い真の花器にいける場合、真の腰が浅くなり、ほとんど花が直立して見えるものである。

千鳥草は直なる性状である上、細い茎の中は空洞になっているので撓めることが難しく、多少曲がりのあるものを適材適所に配する。

千鳥草の美しさを表すためには、葉の具合の良いものを選ぶと品位も出る。

作品は、自生した姿を生かした真の花形で整えている。

花材／千鳥草

かんぞう

◆草物

ユリ科のかんぞうは、中国が原産とされているが、その実は明らかでない。日本では古くから栽培されていて、野生種もある。

初夏、黄赤色の大きな美しい花を咲かせるが、朝開いて夕方にはしぼむ。蕾が重なり合っていくつも生じ、次々に新しい花を咲き替え、割合長い間観賞することができる。

四～五月ごろ、葉株の中央より若葉を生じ、古葉と若葉の間に花茎を生じるので、自然の株をそのまま用いるのが出生にかなっていて望ましい。

多年生で、古葉は幅がやや広くて長く、波状の形をなし、湾曲して垂れる。花は和合の外へ抜き出て咲く。

いけ方としては、花葉の付いた一株がそのままで真と副になるような株を選んで用いる。望み通りの株はなかなか手に入らないため、構成上やむを得ず新葉の株はそのままにし、花と古葉は株より離して組み替えるか、あるいは他の株の適当な葉と取り替えて組み直す。そして、真には開花を、体には蕾を用いる。

また、体の株は中段より低く位置するが、そのままで体に用いるのに適当な短い株はまず入手が困難であるから、葉株を短く切り、小ぶりながらも自然の株のように組み替えて入れる。

こうした花と葉の一本ずつの動きや前後の空間（奥行き）の取り方について、写真や図で説明することは難しい故、稽古によって経験を積み、理解を深めるのが肝要である。

花器は平籠、薄端、広口の類いがもっぱらよく、花形は行でいけるのがふさわしい。

作品は、園芸種の野かんぞうを用い、葉の和合の外に一重の花が咲くものでいけている。

花材／かんぞう

アンスリウム

◆草物

サトイモ科アンスリウム属の植物は多年草で、主に中南米から西インド諸島に分布する。約六〇〇種が確認されており、地生種と着生種がある。

常緑性で、普通は茎が短く、葉は根出するが、成長するにつれて茎が長く直立するものや蔓状に伸びるものもある。

サトイモ科の特徴で、雄花と雌花は小さく、多数が棒状に集まって肉穂《にくすい》花序となり、それ自体は観賞に値しないが、花序を取り巻く仏炎苞《ぶつえんほう》は美しく、観賞価値がある。

仏炎苞の大きさ、形、色とも変化に富み、多様な種類があって人気も高い。

生花の花材としては、仏炎苞の小さいもの、葉の姿が上や横に向いたものを選ぶ。必ず花、葉共に用いるため、鉢物などから切り出すとよい。

いける際は、花茎の高低を付けながら仏炎苞の面やその方向などに留意していける。茎は花、葉共に撓めにくいので、茎の線をよく見定めて生かすことが大事である。

生花には、葉物の分類として「大葉物」があるが、単に葉形が大きいものを大葉物と呼ぶのではなく、葉形が一枚ずつ独立して出ている植物そのものをいう。大葉物のいけ方は全体として見たとき、大きな葉形を組み合わせて一つの花形が整うようにするものである。

作品は、大葉物である、しおんやぎぼうしのいけ方を活用している。

花材／アンスリウム

夏椿

◆木物

夏に椿に似た花が開くことからその名が付いた夏椿。アジアおよび北アメリカに分布し、日本では本州、四国、九州に自生する。

暖地を好む落葉高木で、春から夏にかけて純白の花を咲かせる。花期としては、ちまたの花木が終わり、草物の季節に差し掛かったころのため、ひとしお情感がみなぎる。

夏椿は椿同様、若木の時は葉の中に花を咲かせるが、古木になると幹や枝に個性ある屈曲ができる。特に樹木の外皮に光沢が生じ、趣が出てくる。

撓めが効き、水揚げも良いが、開花は落ちやすく、扱いには注意を要する。

真・行・草のいずれの花形にも適応するが、花材の性状からみて行の花形がふさわしい。

行の花形は真の花形よりややくつろいだ穏やかな形である。いわば、静的な形からやや動的な形に変じる様相を持つ。従って、真の花形に比べて副の張り出す幅も広く、枝数も多く使うことができるため、構成の面においても融通性の高いいけ方ができる。

また、行の花形は趣向を盛る上でも有効であり、生花の目標でもある草木の個々の自然や出生の姿をかたどるための技法が用いやすい。

花器は薄端、丸籠、つぼなどのようにいけ口の広いものや、胴の膨らんでいる格好のものなどがよい。

作品は一種生とし、行の姿で整えている。

花材／夏椿

セイロンライティア

◈通用物

セイロンライティアはキョウチクトウ科の常緑低木で、スリランカ(セイロン)を原産とする。

　純白色で肉厚の花びらを持つ美しい夏の花で、五月ごろから十月ごろまで咲く。一つの花が咲き終わると脇芽が伸びて、すぐにまた次の花を咲かせる。一見、芳香がありそうだが香りはない。

　樹高は七〇～二〇〇センチぐらいまで伸びるので、置き生から掛け花、釣り生までいけられる。すなわち、真・行・草のいずれの花形にも順応する。

　真・行の花形は置き生であるが、作品は草の花形として掛ける姿にいけた。

　掛ける姿の花は「掛け生」「掛け花」と呼ばれ、用いる花器は「掛け花生」あるいは「掛け花入」という。

　通常は、花器を床柱か床の正面に掛けるが、その他の場所へ掛けることもある。また、垂撥《すいはつ》を使うことがあるが、伝書には「会合の節専ら用う。床の内に掛けず」とある。なお、床柱に掛ける場合は「横掛」、床の正面の場合は「向掛」とし、その挿し口は互いに異なる。

　いける心持ちとしては、横掛、向掛共に断崖に生い立つ懸崖の姿を生花の形にかたどったものとする。『仙伝抄』には、「はしら花瓶は、けはしき所におひたる草木のごとし」と記されている。

　向掛の場合、その花形は二重生の上の重とほぼ同様に、横手へなびき出す。真は右前角へ振り出し、副は真の枝に添って途中から分かれて立ち昇らせ、体はその枝先を真の枝先とは反対の前角へ振り出し、軽く添えるように整える。

花材／セイロンライティア

マスデバリア

◆草物

マスデバリアは、アンデス山系を中心として、中央・南アメリカ地域に約四〇〇種が分布する。その多くは、霧が立ち込めるような高山に自生し、樹幹や岩肌、倒木などに着生するか、一部のものは地生している。

全体に小柄で、どの種もへら状で肉厚の葉を密生させるが、花の形や色、大きさはさまざまである。花茎の上に単独または複数の花を付け、外三弁の萼片だけが発達した三角形のような形をしたものが多い。

出生としては、花一本に葉一枚が付いているものだが、生花としていける際には、虚と実をつき交ぜて作り上げた姿が構成される。

生花は植物の出生を大切にするものであるが、実際に草木のさまをそのまま写したのでは、花形が整わずに見える。そこで、本物の姿に虚の形を加えて、自然の姿とは別の立場で生花の姿を整え、なおかつ本物の出生の姿らしく見せることが最も肝要な技法であり、それによって初めて生花が完成するといえる。

草木の自然出生の姿とは異なっていながらも、いわば虚妄の形を借りて、その草木の個性という実感がその姿に現れているからこそ、作品を見た時にいかにも自然出生らしく見えるのである。

すなわち、草木の個性をいけ表すために、生花という手段を用いて草木の実際の出生の姿らしく見せるということである。

作品は、花二本に対し、葉を複数枚合わせて生花の形に整えた。虚の姿の中に花茎の伸びやかさを見せ、真・副の間遠く構成することで、マスデバリアの出生をいけ表している。

花材／マスデバリア

ききょう

◆草物

キキョウ科の一属一種の耐寒性多年草で、日本や中国の東北部、朝鮮半島に自生し、日当たりの良い山野の草原に生える。

秋の七草に数えられ、露地などに自生するため、その姿を捉えて真・行・草のいずれの花形にもいけられる。

一方、生花店に出回る栽培種は茎が太くまっすぐで、付き枝や蕾が多く、野生のものに比べてたくましい。

白色や淡紅色の花もあるが、生花には一重の紫紺や紫色で、茎が細くて自然の曲がりがあるものが望ましい。

いける際は、脇枝を整理し、花と蕾を適度に省略して花葉に強弱、粗密の変化を付けて用いる。

つつましやかなこの花の上品さを強調するいけ方は、何と言っても真の花形または真に近い行の姿であるが、特にその個性から真の花形によく適している。

ききょうそのものの美を強調するには一種生が最もふさわしいが、秋の風情や秋草としての趣を表すには、なでしこなどの優しい草花を根〆に使うか、かるかや、おみなえしなどの根〆にするか、あるいは交ぜ生にすることもよい。

しかしながら、季節表現を考えたとき、初夏のころにはなるべく他の草木の根〆にすることは避けたい。

また、祝いの席には用いないものの、その他の一般の席にはいけても差し支えない。

花器は銅器、土器、竹器、籠などがよく調和する。

作品は一種生で、真の花形でいけている。

花材／ききょう

むくげ

◆通用物

むくげはアオイ科の落葉低木で、原産地は中国やインドといわれている。韓国では「無窮花《ムグンファ》」といい、国花とされている。日本では庭木、生け垣として広く植栽される。

花は一日花ながら次々に咲き続けていくので、長期間花が咲いているように見える。夏から中秋のころまでを盛りとみるが、晩秋の残花はやや小さく、花の中心部の色が濃くなり、花の色がさえて美しい。

『仙伝抄』では禁花としているが、現在は木に近い通用物して扱われる。比較的撓めやすいため、初心者の稽古にふさわしい花材である。

閑寂で親しみやすい花であるが、一般的には祝儀の花には好ましくない花とされ、供養などの折に多く用いられた。なお、『池坊専応口伝』では「祝儀に嫌うべき草木」に挙げている。

通常は一種生とし、二種生の場合は小草を根〆にするか、木物の根〆としてむくげを用いることがある。

素直な枝ぶりを生かし、一種生では蕾と開花をうまく組み合わせて、花の位置に高低を付けるなどして調和を図ることが大切である。一日花であることを考えると、蕾がちに整えるのがよい。

花形は真か行の置き生がふさわしいが、枝ぶり次第では草の花形としても構わない。

花器は銅器、陶器、竹器、籠などが好ましい。

作品は、安定した形の籠花器を使い、花を多く付けた枝を用いている。

花材／むくげ

とらふアナナス

◆草物

パイナップル科の多年草で、南アメリカ原産。長さ四〇～五〇センチ、幅五～六センチほどの葉が弓状に伸びて先端が反巻する。はっきりした黒紫色の横縞が特徴的で、それが「とらふ＝虎柄の斑」の由縁でもある。

　ほぼ直立する茎は扁平《へんぺい》で、長さ三〇～四〇センチになる。葉数一〇～一五枚の株の中心から伸び立つ花茎の先に朱赤色の花穂を付けるため、生花では株葉物の扱いとする。

　株葉物は花が株の中から出るもの（葉の和合の中《うち》）と、株の外から出るもの（葉の和合の外）との二種類に分かれる。とらふアナナスは前者に分類され、いけ方も和合の中から花茎が伸びるよう構成する。

　とらふアナナスは古くから日本にあった植物ではないため、新しい表現法を探る必要があるが、ここでは元来のぎぼうしのいけ方に準じ、花を二本用いる。花茎の長いものと少し短いものを用い、長い花茎の後ろに短い花茎をやや陽方よりに出して二本を真に見立てる。

　真の花の前後に葉を使うが、葉の使い方ははらんと同じ要領で、花よりも低く真・副・体を整えて全体をまとめる。

　葉の選択に注意して、真の葉は立葉を用い、花の前に半ば裏向きにして、副の葉表と向き合うように用いるのが本来の出生にかなっている。副と体の葉は、やや弓状に伸びたもので横に広がるような感じで整える。

　真の葉を中心にして、真の前後左右を同数にするとよい。

　花器は行のもの、あるいは草の水盤などがよく、高さより横幅のある器がとらふアナナスの姿にふさわしい。

　作品は、花二本を真にして和合の中で全体を整えている。

花材／とらふアナナス

だんどく

◆草物

　カンナ科で中南米原産の多年草。日本には江戸時代に渡来したといわれ、観賞用に広く栽培されたという。

　草丈は一〜二メートルに達し、葉はばしょうに似て大きく、盛夏のころから初秋にかけて茎頭に赤または黄色の花が総状に咲く。

　また、だんどくはカンナの原種の一つであり、豊富な花色のさまざまな品種が欧米で生み出された。

　花、葉共に賞美されるが、葉の印象が強いため、生花では葉物として取り扱い、かつ大葉物の中に数えられている。また、はらんのように葉が直接地面から出るものとは違い、軸葉物として扱う。一本の花茎に数枚の大葉が互生するものであり、普通二本をもって花形を整えるが、三本いけても差し支えない。

　二本でいける場合、一本で真・副の部分を形づくり、花とその前後の葉をもって真となし、その後ろの程よい葉を垂らし気味にして副とする。

　他の一本を低くその前方へ挿し、真の前方のあしらいの枝を兼ねて体の部分を表す。その一番前方の葉をもって体とする。

　この低い一本の花は全体の中段まで立ち昇らせ、花の向こうのあしらいの葉に陽の面を見せる。

　だんどくは、一種生の置き生に限る。花形は真か行とし、草にはいけない。

　葉の組み方は、はらんと同様とする。つまり、真の葉を中心として、前方の葉はすべて葉裏を正面に見せ、その後方の葉は葉表を正面に見せるのである。

　すべて軸に付いている葉を用いる故、まずは花材の選択が重要である。

　作品は、二本の花茎を用い、花と葉を真に、副は葉で、体を花と葉で整えている。

花材／だんどく

カラー

◆草物（水物）

カラーは、南アフリカに分布するサトイモ科の球根植物である。湿地で育つ湿地性と、水はけのよい草地や岩場を好む畑地性の大きく二つのタイプに分けられ、日本には江戸時代に渡来した湿地性の白色のものが育ち、海芋《かいう》と呼ばれていた。

開花期は春から初夏で、紙をくるりと巻いたような漏斗《ろうと》状の花が咲く。この部分は苞と呼ばれる葉が変化したもので、花の本体は肉穂という中心にある棒状の部分である。品種改良が進み、現在は白、ピンク、オレンジ、黄、紫などがある。

近年、生花店で売られている切り花用のカラーは葉が付いていない。そのため、生花で一瓶を整えるには、葉の付いた鉢植えを用いるが、園芸種はほとんど葉株の中から花が出ている。

カラーの伝統的ないけ方は、二株を用いて、白色が和合の外、黄色のカラーは和合の中という習いがある。

しかしながら、昨今では湿地性のものと畑地性のものとの判別が難しくなっており、また、今日のカラーは改良されたものが多く、巻き葉も少ないので、表現が難しくなってきている。

そこで近年は、ぎぼうしやしおんなどと同様に考え、表現が不自然でなければ株葉物として一株で捉えてもよいとの考え方もある。

生花には一種生がふさわしく、置き生に限る。花器は広口のほか、薄端やつぼ型もよいが、細口物は禁物である。

作品は、和合の中で花二本、葉は陰葉三枚、陽葉二枚としている。

花材／カラー

おみなえし

◆草物

おみなえしは、東アジアおよび中央アジアに原産する多年草で、日当たりの良い山野の草原に生える。

今では野生状態のものはほとんど見られないが、秋の七草の一つとして万葉の時代から親しまれてきた。

園芸種は茎も葉も大きく、あらい印象を受けるため、生花には細めの花茎のものを用いる。一種をいけるときは置き生に限り、花形は真か行の姿にいける。

いける際は、大きい付き枝が前後に、小さい付き枝が左右に出るように扱う。付き枝は下になるほど大きく長い。一つの茎の小枝が他の茎の小枝と交錯して窓ができやすいので、茎の前後に付いている小枝を生かすとよい。

特に、真の中段から上に付いている左右の小枝は生かす枝と省略する枝をよく見極めていける。

副は、下段に付いている枝は省略し、中段から上にある小枝と葉を残して空間を整える。

注意すべき点は、真の陽方にある小枝と副の小枝とが交錯し、真と副との間に空間がなくなることである。真と副との境がはっきりしなくなるので、小枝の一部だけを短くするとよい。

体も同様に考えて扱い、谷を見せる。

一種生のほか、他の秋草の根〆に添えたり、すすきやききょうなどと交ぜ生にしたりし、秋草の情趣を醸し出すようにいける。

作品は、おみなえしとかるかやの二種生で、秋草のかれんな姿を交ぜ生で表現している。

花材／おみなえし、かるかや

かきつばた

◆草物（水物）

かきつばたはアヤメ科で、水生植物を代表する長葉物である。観賞用に栽培されたものが多く、四季にわたって花が咲き、春夏秋冬によって定められた花法がある。

春の盛りを過ぎたころから後に出る花は、趣のある付き葉が付いているものである。この花茎の付き葉をうまく働かせることが、春以降のかきつばたの表現では重要となる。

夏の季節のかきつばたとなれば、春のものに対し、表現のあり方に変化が現れてくる。

開花を高く上段に置き、蕾を低く下段に置く。しかし花の位置を高くするも、やや低くするもそれは作意により自由で、さまざまに置いて差し支えない。

秋、中秋のころには、草木は凋落《ちょうらく》する姿を見せ始める。自然の中のかきつばたもまたしかりで、枯れ葉や虫食い葉が次第に増してくる。しかし、花の姿は盛夏の名残をとどめ、花茎も高く咲くものである。

生花においても、秋の季節は全体に凋落の気分でいけると趣が表れる。そこで、垂れた葉には枯れ葉を用い、その表情に力の衰えを見せることが教えとなっている。

花は寂然たる姿の内にも秋の気分を思わせる位置に見せ、その花の置きようにより季節表現を行う。そして、体の花は葉の丈より低く置くことが、かきつばたの出生にかなっている。

かきつばたの個性を見せる手段は、やはり自然の姿の中にある。よくよく観察し、適切な扱い方を知らなければならない。

作品は、秋のかきつばたを「左体」でいけたものである。

花材／かきつばた

まさき

◆木物

ニシキギ科のまさきは、主に海岸近くの林中に自生する。常緑の葉が美しく、潮風や大気汚染に強い。刈り込むと新しい枝が伸びるという特性があり、生け垣や植え込みにも広く用いられている。

花材としては、光沢のある常緑の葉が密に付く枝物として扱い、中でもよく使われるのは、葉の縁に黄色の覆輪《ふくりん》が不規則に入った「金まさき」で、他に淡黄色の覆輪の「銀まさき」や、黄色の新葉がやがて緑に変化する「黄金まさき」なども時節に応じて用いられている。

撓めが効き、年間を通して出回ることから、いけばなでは四季を通じて使われる。特に九月から十月にかけての時期が最も美しい。

まさきは、色が明るく印象的な花材なので、根〆は当季の強い印象の草花が調和する。花形は真・行・草のいずれにもいけるが、必ず二種生にする。

二種生というのは、二種の異なる花材を用いて一瓶の花形を整える生花であり、その多くは真と副の部分を一種で、体の部分（根〆）をもう一種の花材で構成する。

取り合わせ方は、木物に草物を取り合わせる場合、木物に木物を取り合わせる場合、草物に草物を取り合わせる場合がある。しかし、草物に木物の根〆を用いることはしない。

また、原則として花なきものに花あるものを配して一瓶を整える。花あるものに同じく花あるものを取り合わせることはあるが、花なきものに花なきものを取り合わせることはない。

木物に草物の根〆を配する際、根〆はやや低めに置くが、これは木物と草物という二種の異なった生育環境をはっきり表すための作為である。

作品は、金まさきにりんどうの根〆で一瓶を整えている。

花材／まさき、りんどう

コスモス

◆草物

メキシコ原産でキク科のコスモスは、日本には明治時代に渡来したといわれている。漢字では「秋桜」と書き、春の桜ほどに美しい姿は万人に愛され、秋を代表する草花といえる。

現在、園芸品種には早咲き系と遅咲き系があり、最近は前者が主体である。花色は白、淡紅色、濃紅色などが出回っている。

最近は休耕田の活用としてコスモスが植えられることが多く、細い茎先に付く濃紅色や淡桃色の花が風に揺れて群れ咲くさまは、秋桜の美称にふさわしいのどかな風趣に富む。

花茎は繊維が強くて意外に丈夫だが、折れてしまうと弱い。水揚げが悪いと花首が垂れてしまうのも難点である。水揚げには湯揚げや逆水が有効で、塩やハッカ油を使ってもよい。

生花では、花と蕾、繊細な葉と茎の優しい草姿を生かし、花葉を省略し過ぎないように姿形を整えて扱う。

一種生では、伸びやかに、あるいは変化のある茎の曲がりを生かし、野に咲く風情をいけ表す。なお、花の色は一色とする。

また、野趣溢れる柔軟な姿形を捉え、すすきなどの秋草と交ぜ生にするほか、他の草木の根〆としても用いる。

置き生はもちろんのこと、掛け生、釣り生にもよく、真・行・草のいずれの花形にいけてもよい。

花器は重い感じのものは好まず、土器、籠、竹器などがふさわしい。花を引き立てるため、派手な色ではなく、地味な方がよい。

作品は、一種生で秋の情趣を捉えている。

花材／コスモス

すすき

◆通用物

すすきは、日本および朝鮮半島、中国に広く分布し、野原や山林の日当たりの良い場所や河川の土手などにごく普通に見られるイネ科の多年草で、群生することが多く、しかも叢生して大きな株を作る。

秋、穂が出た状態を動物の尻尾になぞらえて古くから「尾花」と称し、秋の七草の一つにもその名で数えられる。

陰暦八月十五日の十五夜の月見に飾る風習は全国的なもので、神の降臨のための依代《よりしろ》としてすすきを田植えの際に飾る風習もあった。従って、いけばなでも古くから用いられる伝統的な花材でもある。

秋の花材ではあるが、実際には穂が出ていない時期にも用いられる機会が多く、その場合は葉が主な賞玩の対象となる。従って、穂の出た時にはまた趣が異なって見える。

すすきは自然の姿に倣い、すぐやかに伸びる姿、細く長い葉のなびく姿を見どころとしており、その美しさを生かすために、茎は倒さず、立てるようにいけるのが習いとなっている。

通用物として扱い、必ず花のある草物を添えて風情を見せる。根〆にする草木は、中輪の菊やりんどう、小菊、なでしこ、日々草などがよい。

野にあるすすきを花材に用いる際は、細い葉を選ぶ。数多く用いると葉が重なってさばきにくく、また、尾花は花茎が長くて扱いにくい。

いけ方は置き生に限り、真か行の花形にいけ、懸崖の姿にはいけない。普通、根〆を添えて用いるが、交ぜ生にもいける。

作品は、すすきと日々草で秋の情趣を捉えている。

花材／すすき、日々草

朝鮮まき

◆木物

朝鮮まきは、柔らかく幅広い鎌形の葉が上向する枝にらせん状に付く低木である。一見するとイヌマキやラカンマキなどのマキの仲間のように見えるのでその名が付いたと考えられるが、イヌガヤの園芸種である。ちなみに朝鮮と名に付くが、朝鮮には分布しない。

常緑の光沢のある葉を賞美する木物で、根〆の花の選び方によっては非常に重宝する花材である。

いける際には、柳やえにしだと同様に枝が交差しないようにさばき、その素直な線の美しさを表現することが最も大切である。生花の基本構成を学ぶのにも適材で、四季を通じて用いることができる。

真・行・草のいずれの花形にも適しており、太く大きな枝のものを使って、広口の花器に草の形にいけても面白いものである。

また、根〆は朝鮮まきよりも強い印象のものや、量を多く用いたりすることはせず、主材を補う感覚で添えるようにする。

作品は、白のりんどうを根〆に用いて対照効果を見せている。

花材／朝鮮まき、りんどう

おおけたで

◆草物

おおけたではタデ科の一年草で、茎や葉が粗毛で覆われていることにその名が由来する。

アジアの温帯が原産とされ、インドから中国にかけて至る所に生息している。日本には観賞用として江戸時代に渡来し、現在は人家周辺の空き地などで野生化した姿が見られる。

高さは二メートルにもなり、茎が直立し、よく分枝する。八月から十月ごろ、淡紅色の花が各枝の先端に穂状に付く。丈高く伸びた茎に、色鮮やかで大きな花穂が垂れ下がる姿が美しい。

野生化したものや栽培されたものは水揚げがやや難しいが、近年は改良されたものが切り花として出回るようになり、それらは水揚げも良い。

晩秋に咲き出す小ぶりの花穂や、花茎がうっすらと色づくものに一層の趣があり、葉のやつれ枯れたものに秋の名残の気分が見られる。

真・行・草のいずれの花形にもいけ、一種生としてもよい。

いける際には、付き枝や葉を適度に省略して姿を整える。野性美はあるが、量が多過ぎては煩雑になるため、情趣のある姿を生かして数少なくまとめるとよい。

作品は向掛にいけ、小菊を根〆に用い、色の対比と秋の風情を見どころとしている。

花材／おおけたで、小菊

梅もどき

◆木物

モチノキ科の梅もどきは、本州以南の山地の湿地に自生し、六月ごろ、淡い紫色の花を咲かせる。なお、花は雌花と雄花があり、それが別々の株に付く雌雄異株《しゆういしゅ》の落葉低木である。

名の由来は葉が梅に似ているからといわれ、古くは漢名の「落霜紅」と記された。これは霜の降りるころ、実が赤く鮮やかになる意からである。

実を見どころとする花材は多くあるが、この花材の実付きの枝姿の美しさは格別で、古くからいけばなに取り入れられてきた。

赤い実が主流だが白や黄色の実もあり、いずれも切り枝が生花店に出回る。

生花では実物として扱い、椿や菊など花のあるものを根〆に用いる。つややかな赤い実は白椿や白い小菊など、白い花を添えると鮮やかにさえて美しい。また、白や黄色の実には、赤椿や赤い小菊などを添えるとよい。

梅もどきは折れやすく、なかなか撓めることができない。小枝や若木は何とかなるが、いける前から撓められないものと決めて取り掛かるべきである。

そのため見立てが大切で、枝ぶりをよく見て、真の立ち枝と副の横枝を決める。豊富な付き枝や実を適当に省いて花形を整えるが、実がこぼれやすいので扱いには注意を要する。

花器は銅器が適し、土器や竹器にもよく合う。実は極めて美しいが、実物は特別のめでたい席には遠慮する習いとなっている。

作品は、白椿を根〆に添えて赤い実の美しさを際立たせている。

花材／梅もどき、椿

つるうめもどき

◆通用物

つるうめもどきは、蔓性の落葉低木で、梅もどきに似た赤い実を付けることからその名が付けられた。しかし、梅もどきがモチノキ科であるのに対し、つるうめもどきはニシキギ科に属する。

北海道から沖縄まで日本全土の山野に自生し、朝鮮半島から中国大陸、千島列島南部にも分布する。

五～六月ごろ、淡緑色の小花を付ける。花は雌雄異株で、色彩に乏しくあまり目立たない。

若い実の表皮が淡緑色から黄色に色づき、十月から十一月ごろに実が熟すると、外皮が三つに裂けて反り返り、中から赤黄色をした肉質の仮種皮が現れる。表皮との色のコントラストが極めて美しく、秋の実物花材の中でも花型を問わずに最もよく用いられる花材の一つである。

枝は蔓性のため姿を作りやすく、特に山野に自生するものは独特の曲線や動きに見どころが多い。従って、いけばなでは蔓物としても扱う。

蔓物は置き生にせず、掛け生、釣り生などとし、懸崖の姿にいける。

二重切の上の重については、置き生であっても高い位置にあるため特別に用いてもよく、これも懸崖の姿とする。従って、花形はすべて草の花形で、真と行の姿にはいけない。

実を賞美していける花材の場合、花がないため、必ず花のある草物を根〆に入れる。白の小菊やりんどうなどと取り合わせると、色の映りがよい。

作品は常の二重生で、上の重につるうめもどきと小菊、下の重にかきつばたを用いて秋の情感を捉えている。

花材／つるうめもどき、小菊、かきつばた

さんしゅゆ

◆木物

さんしゅゆは、中国、朝鮮半島にかけて分布するミズキ科の落葉高木で、日本には江戸時代中期に薬用植物として渡来したといわれている。

早春、葉に先立ち、黄色の花が短い枝先に群がるようにたくさん集まって咲く。その鮮やかな黄色は遠目にもよく目立ち、「春黄金花」という別名を持つ。

開花の時期には一種生がよく、枝によっては水際が整えにくいものもあり、そのときは赤椿などの根〆を添える。

また、花が終わると楕円形《だえん》で光沢のある赤い実がなり、その実がさんごのように美しいことから、「秋珊瑚」とも称される。

さんしゅゆは漢名を「山茱萸」というが、この「茱萸」とは赤く垂れ下がった赤い実のことであり、山のグミという意となる。実を付けるこの時期を捉えて生花にするのもよい。

若木は素直に伸びるので、真か行の花形に適する。若枝は前後左右に出ているが、左右へ出る小枝は使いづらいので注意して整理する。あしらいとしては、幹の前後に出る小枝を主に利用するのがよい。

老木になると枝の屈曲も多くなり、付き枝に密に花が咲く。変化のある枝ぶりをさまざまに生かしていけると風情豊かになる。

枝は技巧的にではなく自然に撓め、小枝の錯落を整えて姿を美しく生かす。

花形は、真・行・草のいずれの花形にもいける。屈曲している枝やなびきのある枝を、掛け生や釣り生など懸崖の姿でみやびた趣にいけるのも風情が感じられて面白いものである。

作品は、秋のさんしゅゆを実物として扱い、二種生にしてひとしおの雅趣を添えている。赤い実に対しては白の椿がよく合う。

花材／さんしゅゆ、椿

ろう梅

◆木物

早春のまだ寒さの厳しいころ、他の花に先駆け、淡い黄色の小さな花を付けるろう梅。中国原産の落葉低木で、高さは二〜四メートルほどになる。

漢字では「蠟梅」と書き、名前の由来は、梅と同時期に咲き、花色と光沢のある質感が蠟細工を連想させることからとも、蠟月（陰暦の十二月）に花を付けることからともいわれる。

馥郁《ふくいく》とした甘い香りを漂わせながら葉に先だって開く花は、短い枝の先に付き、横向きあるいはうつむき加減に咲く。花びらは、外側が細長く鮮やかな黄色で、内側が暗紫色。外側も内側も共に淡い黄色のソシンロウバイもある。

枝は折れやすく、撓めることは至難であるため、枝の見立てが大切で、無理な扱いは避ける。小枝が雑然としているので、多少の交差はやむを得ない。

その素朴な幹なり、枝ぶりを味わうよう、もっぱら線の働きを見せるため、数多く挿すことを避ける。置き生に用い、真・行・草のいずれの花形にもいける。特殊な形の枝があったときには、掛け生、釣り生などにいけてもよい。

ろう梅は花があるので、一種生がふさわしい。しかし、取り合わせを考え、寒菊などの根〆を添えても構わない。

他に、ろう梅と名の付くものにクロバナロウバイがある。北アメリカに分布し、花期は五〜六月で、花びらはすべて暗紫色をしている。すらりとしていて枝が多く、花の時期に葉が茂っているため幹を観賞するものではない。主として真か行の姿にいける。

作品は、一種生で行の花形にいけている。

花材／ろう梅

雪柳

◆通用物

その名の通り、柳のようにしなりのある枝に、雪のように白い小花と柳の葉に似た浅緑の葉をびっしりと付ける雪柳。

暑さ、寒さに強く、西日本の山地に自生し、中国にも分布する。花が米粒のようにも見えることから、「コゴメバナ」「コゴメヤナギ」などの別名もある。

高さ一〜二メートルになるバラ科の落葉低木で、枝は細く、根元から多く出て分枝し、先端はしだれる。

いけばなにも古くから用いられてきた枝物で、やや下垂する枝に風情を感じる。春の開花時、花が散った後の緑葉、秋の紅葉（黄葉）とそれぞれに美しく、切り花としてもほぼ一年中出回る。

近年は開花を促進させたものが初冬から出回り、それらは葉付き、花付きに勢いはないが、初々しさがあり、親しみも感じる。

細い枝がよく分枝して奔放に伸びる。直立し、傾斜し、湾曲し、なびき、弾む枝の姿に、明るい情趣が漂う。いける際には、適度に小枝を省略して、表情ある枝の美しさを見せるように形を整える。

茎の中には髄があり、通用物の扱いとして、真・行・草のいずれの花形にもいける。

一種生、二種生にもいけるが、一種生では体を整えるのが難しい。そこで別の花材を根〆に用い、下段を引き締める。

花器は土器がよく、銅器、竹器などもふさわしい。

枝は堅くて折れやすく、また、開花は散りやすいので注意して扱う。

作品は、根〆にきんせんかを用いて整えている。

花材／雪柳、きんせんか

にしきぎ

◆木物

にしきぎは、日本全国の山野に自生し、庭木としても広く植栽されている。

成木となった枝には褐色でコルク質の翼《よく》が付き、特徴のある姿となる。葉は秋になると鮮やかに紅葉し、それが「錦木」の名の由来となっている。同じく紅葉の美しい、つるうめもどきやまゆみなどもニシキギ科に属する。

にしきぎの花材としての用途の幅は広く、芽出しの浅黄色の葉色、美しい紅葉、そして枝に翼のある形姿の面白さがいっそう目立つ落葉後など、見どころが豊富である。

すこぶる撓めやすく、めったに折れないため、初心者の稽古に適した花材である。

ただし縦の翼があるので、そのままでは根元に隙間ができ、留めた後も安定が難しい。そのため、いける際には水際から下のすべての翼を取り去り、きれいにしていける。

これは何もにしきぎに限ったことではなく、いかなる草木をいけるときにも、根元に無駄のないようきれいにすることが生花をうまく花配りに留めるコツである。

紅葉したにしきぎは美しいが、花がないため花を根〆に添える。花形は、置き生にして真・行・草のいずれの姿にもいける。無理に形づくることは好ましくないが、懸崖の姿にふさわしい枝があれば、掛け生や釣り生にもよい。

作品は、アイリスを根〆とし、早春の情趣を捉えている。

花材／にしきぎ、アイリス

にわとこ

◆通用物

にわとこはレンプクソウ科の落葉低木で、日本、中国、朝鮮半島の山野に分布する。

　漢字で「接骨木」と書くが、これはにわとこの枝・幹・葉を煎じて液状にしたものを、骨折や打撲の治療の際に貼付したことからだという。

　茎の中心に柔らかな髄があり、葉は羽状複葉で大きく締まりがない。花はくすんだ白緑色の小花が多数集まって円すい状となる。果実は初夏に熟して赤くなる。

　いけばなでは木に近い通用物として扱う。冬から春にかけての葉や花のない時期、球のように膨らんだ小さな緑の芽が出た状態のものをいけ、その素朴な枝ぶりを鑑賞する。


　にわとこは、花になる前の固い花芽の時にいけるので、必ず花のある当季の草物を根〆にする。なお、通用物の根〆には必ず草物を用いることが定められている。

　枝は折れやすく、撓めが効かない。枝の節々が多少屈曲しており、枝ぶりをよく吟味して用いる必要がある。形姿は美しいため、枝の見立てが大切である。

　若い枝の線を捉えて真の花形にいけるのもよく、古木をあしらって二重切の上の重、掛けや釣りなど草の花形でいけるのもよい。

　花器は、土器、銅器、竹器がふさわしい。

　作品は、真・副の五本のにわとこに対し、根〆のなでしこで対照美を捉えている。

花材／にわとこ、なでしこ

彼岸桜

◆木物

春咲きの桜の中で一番早く、三月の彼岸の頃に咲き始める彼岸桜。バラ科の落葉小高木で、淡紅白色の優雅な花姿が美しい。

よく分枝し、小枝が発達しているため、開花の時は木全体が花でいっぱいになって見事な姿となる。

彼岸桜と呼ばれるものの一種にエドヒガンザクラがあり、桜の中では最も寿命が長いことで知られる。樹齢千年を超えるものも少なくなく、岐阜県の「根尾谷の薄墨桜」や山梨県の「山高神代桜」などは特に有名である。また、花が多く咲くことから、多くの品種の母種として用いられ、ソメイヨシノの片親でもある。

彼岸桜は「七種傳」の伝花にいう桜と同じ扱いにはならず、一般の花木と同じようにその枝の性質や風情を損なわないようにいける。なお、伝花としての桜には、山桜や牡丹桜、八重桜などを用いる。

彼岸桜は少しの寂しさの中に優雅さを感じさせるので、一種生の方がこの花の特徴をよく表現できる。二種生の場合は、椿や菜の花、きんせんかなどを根〆に添えるとよい。

枝は柔らかく撓めやすい。枝先には優しさを感じるが、相当の大木に成長する。適当な大きさの幹があればそれを真・副の中段に添えると小さな花形に力強さが加わって大木の趣を表すことができる。

また、開花を下枝に見せて枝先を蕾がちとすることは、春の花全般に通じる心得である。

花形は真または行、置き生の草など、どの形にも適する。花器はいずれの類いを用いても差し支えないが、調和をよく考慮すべきである。

作品は一種生とし、真の花形で整えている。

花材／彼岸桜

赤芽柳

◆通用物

赤芽柳はヤナギ科の落葉高木で、若葉が赤みを帯びることからその名が付いたという。また、葉に丸みがあることから「丸葉柳」の別名を持つ。

冬季、日光の当たる側の枝が花芽と共に紅色になる。その花芽は早春に表皮が剥がれ、絹毛を密生した銀白色の花穂を見せる。

いけばなでは、花芽が褐色の表皮を付けた状態を赤芽柳といい、花穂の出た状態を猫柳とも呼んでいるが、実際、赤芽柳と猫柳は別種である。他に、フリソデヤナギの冬芽も赤くなることから赤芽柳の別名があるなど、赤い芽を持つ柳を指して赤芽柳と呼ぶことも多く、正確な判別は難しい。

生花には、花芽のすべてが銀白色に膨らむ前、赤褐色の表皮を付けている枝に雅趣を捉える。しかしながら、古くからの習いとして、美しい花芽を花として扱わず、必ず花のある草物を根〆として添えることと定められている。

根〆には主として当季の寒菊や菜の花、きんせんかなどを用いる。

花器は、土器や金属、竹器を用い、花形は真・行・草のいずれの姿にもいける。通常は置き生にするが、枝の姿次第では横掛や向掛、釣り生に懸崖の姿にいけてもよい。ただし、草の草の花形でも、その性状から垂れ物の扱いはしない。

生花の基本を習得するために用いる花材として、はらんがあるが、赤芽柳は枝や幹の扱い方と根〆の添え方を稽古するのに適した花材とされる。枝のさばき方に注意し、美しく整えることが大切である。

同じ柳の仲間でも折れやすいものと折れにくいものとがあり、初心者は折れにくい赤芽柳、銀芽柳、こり柳などを用いて撓め方を学ぶとよい。

作品は、赤芽柳九本と根〆に寒菊四本を用いている。

花材／赤芽柳、寒菊

えにしだ

◆通用物

えにしだは、ヨーロッパに広く野生化しているマメ科の落葉低木である。日本には十七世紀後半に渡来し、現在では庭園などで栽培されている。

えにしだというと、五〜六月ごろ、黄色の蝶形の花を多数咲かせ、線状の稜のある常緑の枝が下垂する性質のものを指すが、作品では六〜七月ごろに咲く白えにしだ（シロバナエニシダ）を用いた。どちらも一年中手に入り、生花によく用いられる通用物である。

白えにしだは細い枝が斜上し、若枝は最初緑色をしているが後に褐緑色となる。表面には毛が生えている。

白い花は小ぶりだが、枝はやや力強く、優しい趣ながら直線的であまり垂れる感じはない。生花ではこうした性状をよく心得ていけることが大切である。

花の咲く時には、一種生、二種生にするが、花のない時は必ず草物の根〆を用いて二種生とする。真・行・草のいずれの花形にもいけられる。

えにしだとしての特徴は、線の美しさにある。生花を学ぶ上で大切なことは、線による構成の要領を覚えることにあるため、初心者の稽古花材としても適している。

また、白えにしだは石化した枝が多く見られる。石化えにしだを用いる場合、その特殊な効果を考慮し、用いる本数や位置に配慮が必要である。

先述したように、その性状から、えにしだは垂れ物とされるが、白えにしだは垂れ枝を見ることはあまりない。もし垂れ枝を用いる場合は、その垂れ方に注意してなびく程度にした方がよい。

作品は、まだ寒い時期に、根〆にアイリスを用いた置き生である。

花材／えにしだ、アイリス

庭梅

◆木物

庭梅はバラ科サクラ属の落葉低木で、中国の山地に自生し、古くに日本へ渡来した。『万葉集』の中に、大伴家持が「唐棣花（はねず）」を詠んだ歌があるが、これを庭梅の古名とする説もある。

別名を「コウメ」ともいい、生花店などでは「リンショウバイ」という通称でも扱われている。

四～五月ごろ、葉に先立って、あるいはほとんど同時に多数の淡紅色または白色の花を咲かせる。花後には球形の果実ができ、六～七月ごろに赤く熟す。

根元から多く叢生して株をなし、あまり枝も出さず大木にもならない。直に立ち伸びている姿のものが多い。

伝書の中に「直なものは直に生け」とある。これは、草木それぞれが持つ固有の性質を見極め、個々の特性を生かすように心掛けなければならないということである。また、「出生の躰に叶うを生という。されば生花という根本なり」とも伝書にある。

出生の躰とは、自然の草木が陽光を受けて生き生きとした表情と秩序ある形姿を持っていることをいう。つまり、草木本来の秩序ある形姿を生かし、これを見定めていけることが出生の躰にかなうことであり、大事な心構えであるということである。

庭梅は株から何本も線状に伸びているため、真または行の花形で整え、姿によっては草の花形でもよい。また、掛け生、釣り生にいけても趣がある。

花器は土器、銅器、竹器のいずれもよく調和する。

作品は、一種生で真の花形で整え、庭梅の美しさを余すところなく発揮している。

花材／庭梅

一重生・二重生・向掛の花形

一重切花筒の三つのいけ方

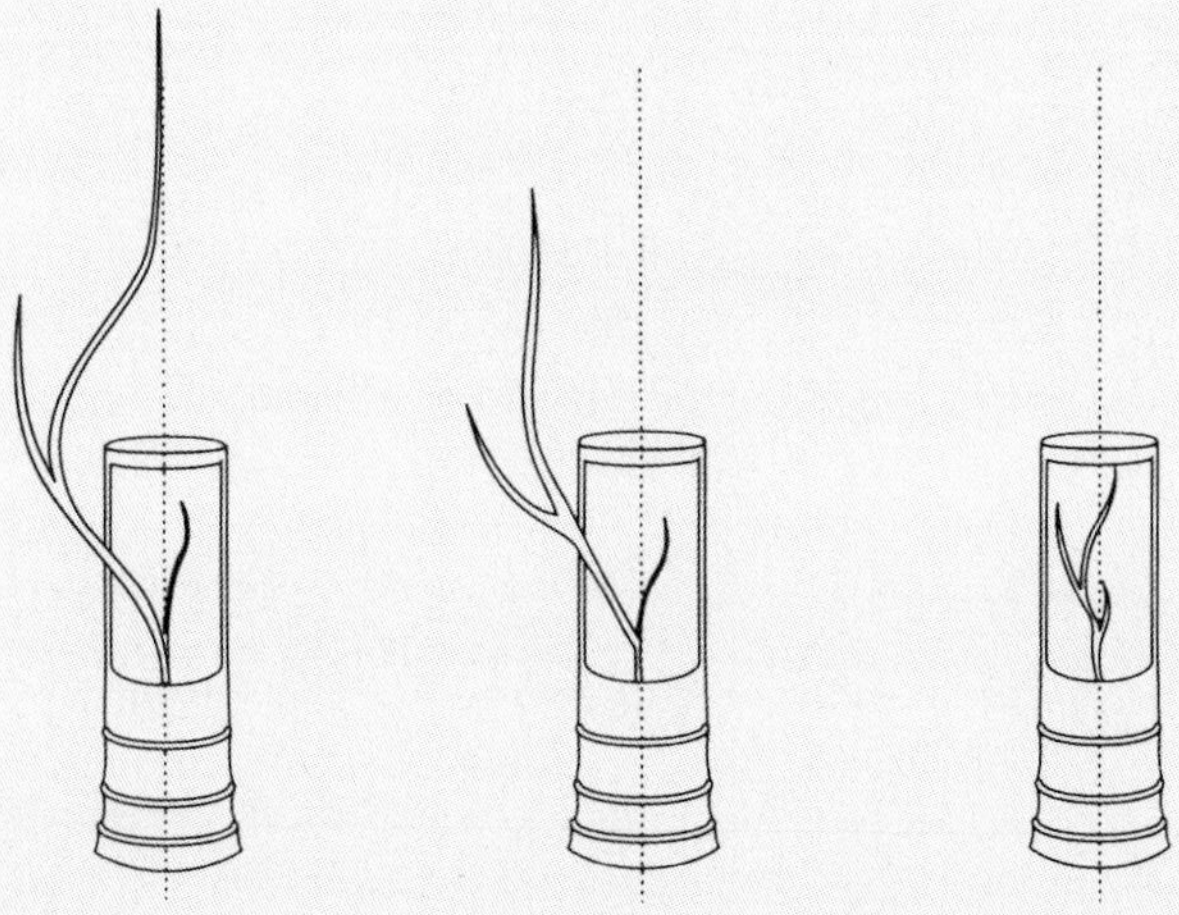

二重切花筒の三つのいけ方

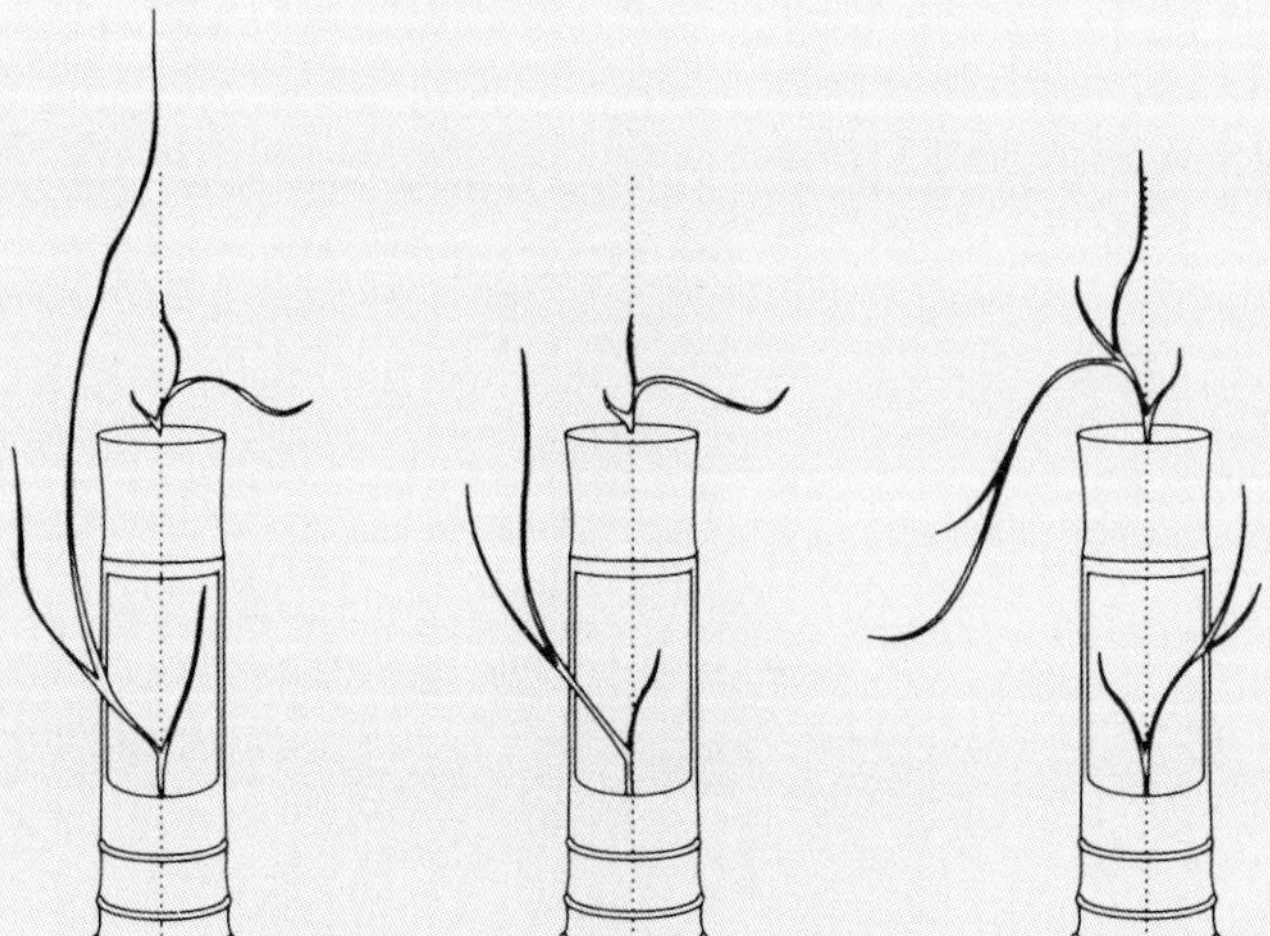

向掛（本勝手）

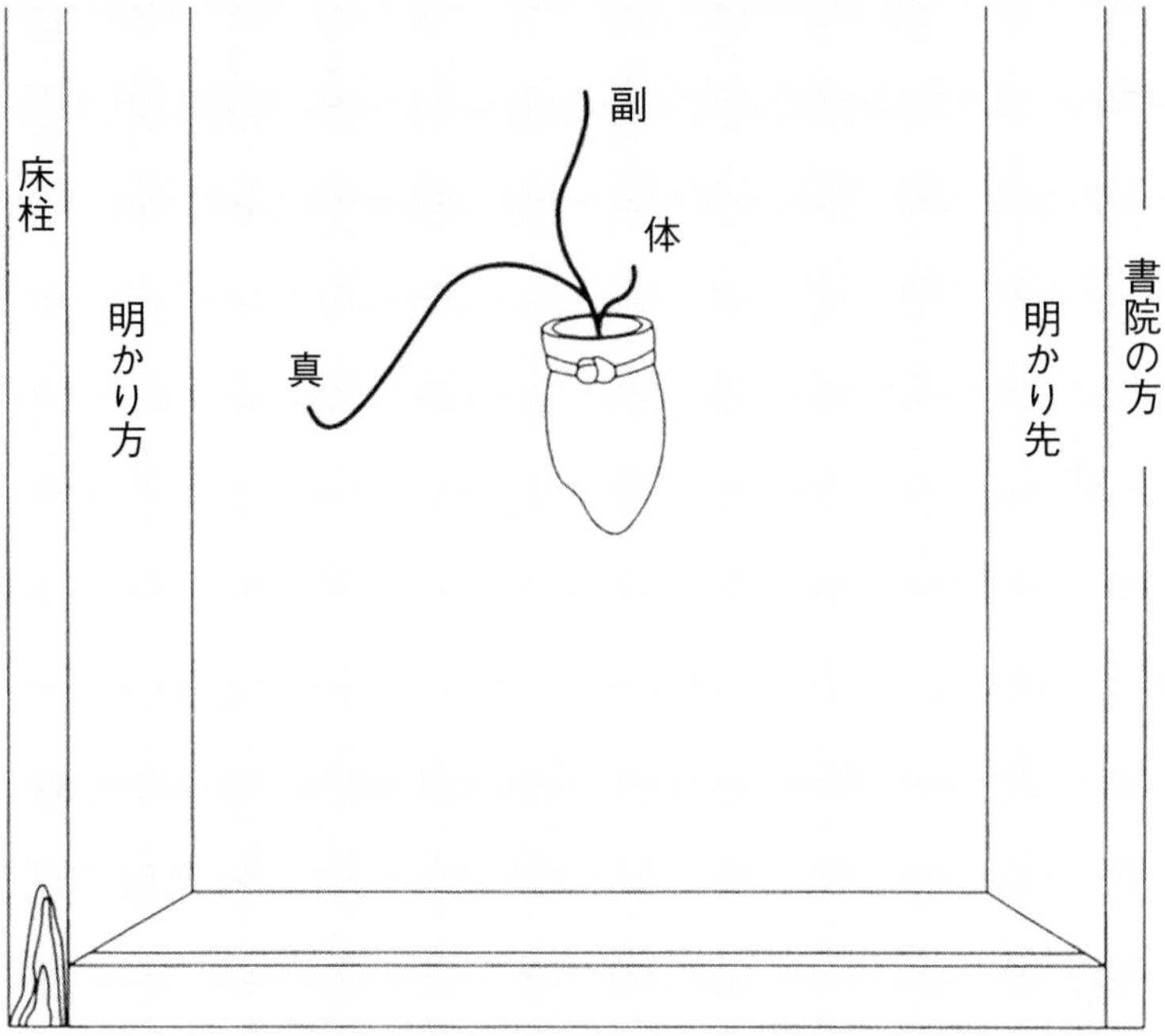

参考文献／
嘉ノ海 新二『池坊生花の学び方 葉物』 日本華道社
嘉ノ海 新二『池坊生花の学び方 四季の草木』日本華道社
嘉ノ海 新二『池坊生花の学び方 伝花と変化形』日本華道社
後藤 春庭『池坊生花 伝花の生け方』日本華道社
後藤 春庭『池坊生花 変化形の生け方』日本華道社
後藤 春庭『池坊生花 四季草木の生け方』桐華社
『四季 池坊いけばな花材事典』講談社
『いけばな常用花材図鑑』主婦の友社
麓次郎『四季の花事典 花のすがた・花のこころ』八坂書房

東《ひがし》 勝《かつ》行《ゆき》

昭和20年 鹿児島県垂水市に生まれる
昭和45年 池坊に入門
平成２年 全米特派講師として派遣
平成17年 池坊中央研修学院教授
　　　　 池坊華道会派遣教授
平成27年 池坊中央研修学院特命教授
　　　　 池坊華道会派遣特命教授

著書に『おもかげ』『季の花をいける』（共に日本華道社刊）がある。

生花正風体 技法の要点

季の花をいける ❷

発行日　二〇一七年十一月九日　第一版第一刷

監修　池坊専永
著者　東勝行
発行者　池坊雅史
発行所　株式会社 日本華道社
〒六〇四―八一三四
京都市中京区烏丸三条下ル 池坊内
電話　編集部 ０７５（２２１）２６８７
　　　営業部 ０７５（２２３）０６１３
編集　日本華道社編集部
撮影　木村尚達
デザイン・制作　株式会社 エムシーエイ
印刷・製本　図書印刷株式会社

定価はカバーに表示してあります。

ISBN 978-4-89088-129-1